PASSOS DO DINHEIRO

Conselhos para Jovens e Adultos Inteligentes

MARCOS GALVÃO

Introdução

Falar sobre dinheiro é algo que motiva, mais também, pode ser frustrante, quando existe em você um sentimento de escassez. Ou mesmo a falta de controle que você não teve sobre ele, e este veio a te dominar, invés de você domina-lo. Normal, para uma sociedade em que ele era/ou ainda é o inimigo numero 1 da salvação. Principalmente quando muitas religiões, através de suas filosofias religiosas, transmitem a ideia de que, se você tiver muito, isso vai te afastar de Deus e consequentemente você terá passagem direto para o inf(...). Não preciso nem citar, você entendeu a palavra. Então, o dinheiro sendo o inimigo número 1 do ser humano, te levou a esse caos, a essa escassez miserável que te deixou nesse mar de energias fracas, e que hoje você não consegue mais se erguer ou aumentar essa carga de distribuição na sua energia. Usando um exemplo para mostrar, seria como se sua voltagem parou abaixo dos 110 *Voltz* e não chega mais nem aos 110 *Voltz* e quanto mais chegar aos 220 *Voltz*.

.

Resolvi falar sobre o dinheiro, para ajudar a você conhecer esse que parece ser o seu inimigo número 1.

Aproveite essa aventura e espero de todo coração que no final você entenda que, você e o dinheiro, estão mais ligados do que você imagina. E que é você, que tem total dominação sobre ele. Não ao contrario.

ESCAMBO

MERCADORIA / **MERCADORIA**

COMO ERA ANTIGAMENTE

Nos primórdios da civilização o comercio vivia como base no escambo, que funcionava na modalidade de troca de mercadoria por mercadoria, sem medida de valores.

Como era muito comum a agricultura vou utilizar essa modalidade como exemplo de como funcionava essa modalidade.

Quem produzisse a mais do necessário para si e sua família ou grupos que existiam naqueles tempos, estes trocavam com outras pessoas ou grupos que tivessem produzidos ou colhido a mais de um determinado item. Se tivesse plantado a banana e colhido a mais do que precisava, estes trocavam com quem haviam também plantado a mandioca e colhido a mais do necessário, por exemplo.

Esta modalidade ainda hoje vigora em algumas civilizações, em regiões de difícil acesso com povos de economia primitiva.

.

Falando em economia e valor, ocorria das vezes uma mercadoria ser de um montante econômico maior do que o outro, mais não mensurado pelos grupos, por das vezes falta de conhecimento de valor, ou a dificuldade de acesso a diversidade de produtos.

Um exemplo muito comum que ainda vigora entre nós atualmente são os escambos praticados pelas crianças, onde eles trocam das vezes os materiais escolares ou brinquedos com outros coleguinhas da escola. Sem mensurar o valor existente entre as trocas de mercadorias.

Em determinadas regiões de nosso País também ainda ocorre essa modalidade escambo e o dinheiro também. Sendo escambo utilizado em virtude de parcerias, onde se juntam para que seja realizado um determinado serviço. Um exemplo bem comum é a colheita da mandioca e a fabricação da farinha e polvilho, sendo que um tem a plantação da mandioca e o outro tem a prensa e o forno para a fabricação da farinha. Se unem para que sejam realizados os objetivos da plantação, ficando cada um com uma certa porcentagem ou produto.

SÉCULO VII A.C

RELATOS DO SURGIMENTO DO DINHEIRO

*Dracma grego do século 5 a.C.: prata batizada

COMO SURGIU O DINHEIRO

Os relatos informam que o surgimento do dinheiro surgiu no século VII a. C, até chegar a forma que conhecemos hoje o dinheiro passou por varias modificações, saindo da forma do escambo, que era a troca de mercadorias, até os nossos dias atuais.

Ele inicia no formato de moeda, de maneira rustica em fabricação de peças em processos manuais, feitas de ouro ou prata, já mostrando a evolução do processo cultural.

Durante a Idade Média, surgiu o costume de guardar as moedas com ourives e, como garantia, era entregue um recibo.

A Casa da Moeda do Brasil surgiu como instituição brasileira responsável pela impressão do dinheiro, criada em 1694, por Dom Pedro II, rei de Portugal, para atender a demanda de fabricação de moedas no Brasil Colônia.

.

Após surgimento de bancos que passaram a regulamentar essa modalidade, passando a emitir o chamado papel moeda que eram chamados de bilhetes de bancos. Surgindo os primeiros recibos que foram emitidos pelo Banco do Brasil em 1810 e tinham seu valor preenchido à mão, como conhecemos na modalidade dos cheques.

Nos dias atuais e tanto no Brasil quanto no mundo a fabricação de cédulas de papel e moedas é regulada por um banco. No Brasil é regulamentada pelo Ministério da Fazenda por meio do Banco Central do Brasil, visto que a quantidade de dinheiro em circulação dentro de um país deve ter como base a quantidade de serviços e produtos oferecidos pela economia nacional.

Diante dessa questão cada país não pode tentar contornar uma crise colocando mais dinheiro em circulação. Se isso acontece, o mercado tende a aumentar o preço das mercadorias, gerando inflação.

Exemplo mais recente aconteceu no Zimbábue, que quando o seu governo injetou no seu País mais notas para conter uma crise aumentando a inflação desde 2000 encontra-se em uma profunda crise, além da hiperinflação, há um alto índice de desemprego, pobreza e uma crônica escassez de combustíveis, alimentos e moedas estrangeiras.

A hiperinflação vem destruindo a economia do país, arrasando o setor produtivo. Uma medida governamental congelou os preços, causando desabastecimento, fortalecimento do mercado negro e prisão de comerciantes contrários à medida.

Em Julho de 2007, foi lançada a cédula de 200 mil dólares zimbabweanos, que apesar do elevado valor de face, é capaz de comprar pouco mais do que um quilo de açúcar. No mercado paralelo, a moeda era cotada a 1 dólar americano. Em maio de 2008, foi lançada a cédula de 500 milhões e em julho do mesmo ano foram lançadas cédulas com valores a partir de 100 bilhões de dólares zimbabweanos.

Houve uma reforma monetária que entrou em vigor em agosto deste mesmo ano, no entanto, a taxa inflacionária parece não ceder, havendo projeções de que haja a necessidade de nova reforma em breve. Quando chegou ao poder, Mugabe privatizou os elefantes para evitar uma extinção deles e ampliar a produção de marfim.

BANCO

*imagem banco central do brasil

FOI CRIADO PELOS BANQUEIROS JUDEUS DE FLORENÇA NA ÉPOCA DO RENASCIMENTO

A ORIGEM DOS BANCOS

O surgimento das operações bancárias foi simultâneo ao surgimento da moeda, na medida em que o surgimento desta logo criou a necessidade de instituições que a guardassem e emprestassem. O nome "banco", porém, foi criado pelos banqueiros judeus de Florença na época do Renascimento, designando a mesa onde eram trocadas as moedas. Em 1406, foi criado aquele que é considerado o primeiro banco moderno: o Banco di San Giorgio, em Gênova. Em 1983, o Banco da Escócia se tornou o primeiro banco a oferecer serviços eletrônicos, tendência esta que vem se ampliando continuamente desde então no mundo inteiro.

O dinheiro foi criado para facilitar as trocas comerciais quando estas ficaram mais complexas.

.

John Law foi um economista escocês nascido em (1671-1747) de uma rica família escocesa, que se tornou famoso pela sua vida de jogador, mulherengo e, principalmente, fundador do sistema bancário atual.

As suas principais ideias são a "teoria do valor pela escassez", a distinção entre "valor de troca" e "valor de uso", e a "Doutrina das Letras Reais". A teoria de Law era que a oferta de moeda não deve ser determinada pelas importações de ouro ou pelo saldo da balança comercial, mas de maneira endógena pelas "necessidades de troca". Considerado o pai das finanças modernas, defendeu a introdução do papel-moeda e dos títulos lastreados em terra e impostos.

O sistema bancário não só da França, mas como também da Europa, era um sistema caótico. Várias moedas coexistiam num mesmo país – e o povo continuava a utilizá-las mesmo depois de extintas pelo governo.

A situação financeira da França era marcada por insuficiência de moeda e excessivas desvalorizações. Logo, Law percebeu que seus estudos de economia e financia ali serviriam para crescer.

Então Law propôs a criação de um banco estatal centralizador que tivesse o monopólio de todas as atividades financeiras e fazendárias. "Não existe país forte sem banco forte", como John dizia. Também defendeu o uso de moeda fiduciária e a criação de um banco lançador de títulos de crédito lastreados em receitas de impostos e propriedades.

COMO INICIAR O CONHECIMENTO DE DINHEIRO

PARE DE COMETER DESPERDICIO DEDIQUE-SE A CONHECER O DINHEIRO

1º PASSO
O QUE É FINANCEIRO?

A palavra FINACEIRO vem substantivo feminino. Sociedade de crédito, de financiamento, de investimento que financia bens imóveis, ou duráveis, ao consumidor por meio de títulos de créditos. No dicionário financeiro Aprenda a pronunciar substantivo masculino 1. Especialista em finanças. 2. Indivíduo responsável pelas finanças de uma instituição, empresa etc. "o f. é quem paga os empregados" 3. Adjetivo que envolve, da natureza das pertencentes às ou referente às finanças; financial. "empresa f." Origem ETIM finança + - eiró. Eu complemento que financeiro é como você financia os seus valores sobre conhecimento em relação ao dinheiro. Mais sobre este titulo financeiro, existem alguns percursos que tenham ou que devam a ser percorridos, pois, dependem bastante de como você foi moldado a cerca deste conceito de como foi apresentado para você, desde os primórdios de sua infância até os meados dias atual.

.

Será que lhe foi apresentado da maneira correta?

Mais qual seria esta maneira correta? Existe uma fórmula secreta?

Digo que sim!

Para todas essas perguntas. Sendo que considero como pecado grave, cometido por nossos pias e pais dos nossos pais, que, não aprenderam e não foram letrados a ensinarmos como é financeiro.

E hoje passamos o tempo todo a questionarmos o Altíssimo que, nosso financeiro anda de mal a pior. Pecado tremendo. (risos).
Então financeiro é pensamento, é conhecimento, é decisão, é dedicação, é compromisso com o dinheiro.

.

Como disse: existem uns percursos que também utilizo na formação de dígrafos e crio novas nomenclaturas às palavras.

PCDDCD

PER/CURSOS

Ou se **_PERCA_**

Ou faça **_CURSOS_**

Para aprender sobre **_FINANCEIRO_**.

EU APRENDI QUE, SE EU TENHO 10 GARRAFAS DE CERVEJAS E TIRRASSE 3 GARRAFAS, RESTAVAM 7 DE UM TOTAL DE 10.

O NARMAL DESSA CONTA ERA FEITA COM MAÇÂS OU LARANJAS

1.1 - FINANÇAS

O que tem de CONCRETO ou ABSTRATO em seu capital de INVESTIMENTO, se este CAPITAL é de maneira ABERTO ou FECHADO, digo se os seus ATIVOS estão disponíveis para uso RAPIDO, MODERADO OU LENTO.

A maneira como se ENCONTRA a sua vida financeira dita bastante as REGRAS sobre finanças, não a sua vida espiritual ou carnal, mas a sua vida sobre conhecimento financeiro mesmo, se você se encontra no NIVEL de conhecimento das SERIES INICIAIS sobre o assunto ou já um NIVEL FUNDAMENTAL, MEDIO OU SUPERIOR. Como esta o seu conhecimento. Isso independe se você já se sentou alguma vez em uma CARTEIRA DA ESCOLA.

.

Um aprendizado breve:
CONCRETO – *Algo palpável, que se pode tocar e sentir;*
ABSTRATO - *Algo não palpável, que não se pode tocar, só pensamento;*
CAPITAL – *Não é Município, nem Capital de Estado, este CAPITAL significa recursos (DINHEIRO);*
INVESTIMENTO – *Ato de investir os seus recursos, onde estão feitas as suas aplicações financeiras;*

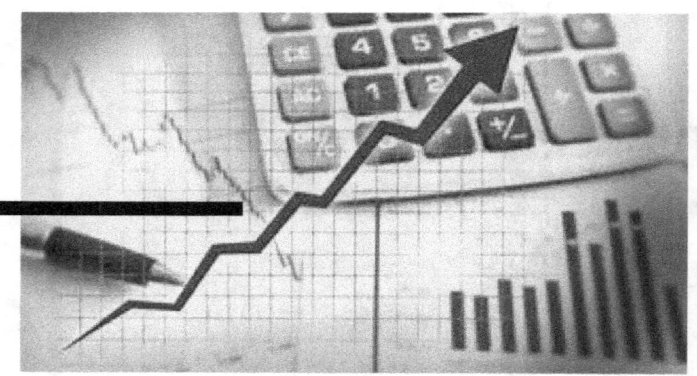

ATIVOS – *Aplicações;*

RAPÍDO – *Diria que nesta modalidade seria recurso diário;*
MODERADO – *Neste é o modelo que das vezes mensal;*
LENTO - *Neste é o programado por um determinado tempo.*

EM QUAIS ÁGUAS DE OPORTUNIDADES VOCÊ NAVEGA?

Grafico Inicial

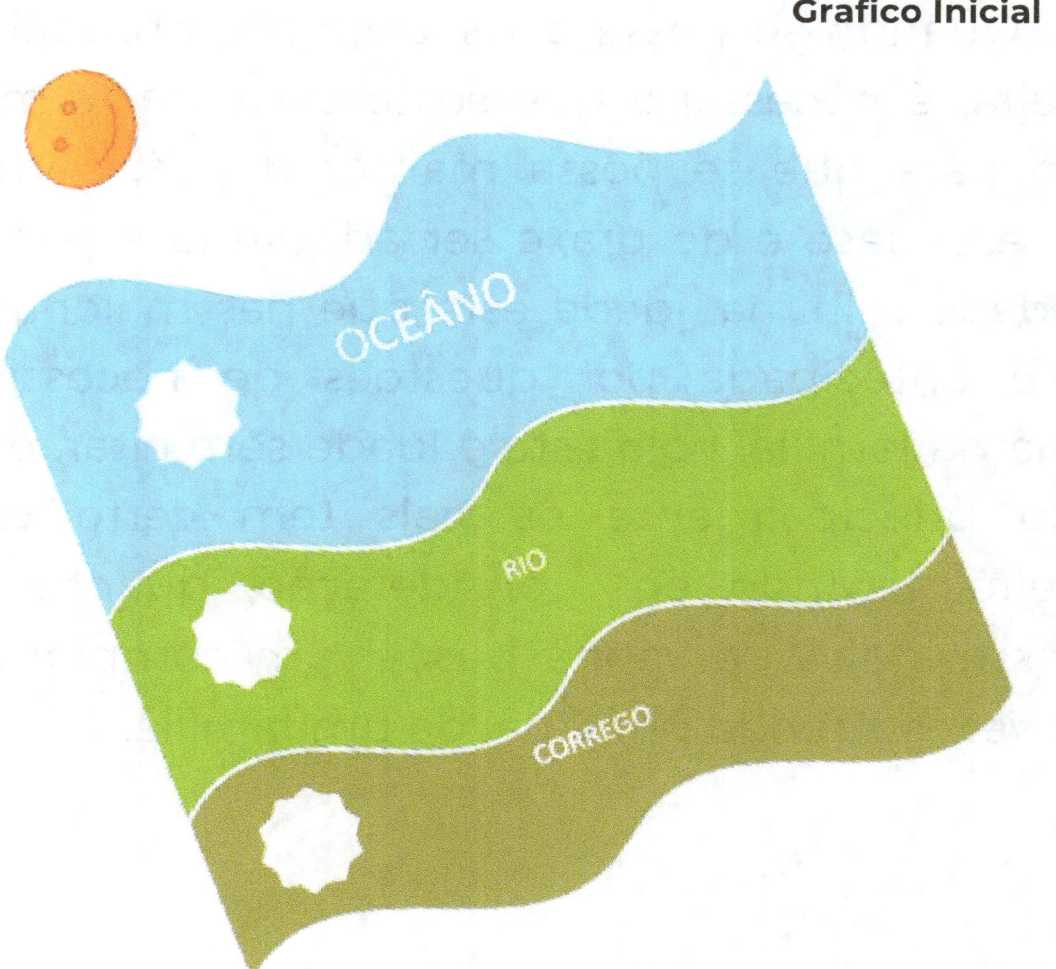

2º PASSO

A OBTENÇÃO DE RECURSOS

Neste segundo passo, o que vamos envolver é o meio como você obtém o seu recurso de qual maneira ele chega até você.

Quando se passa a ter uma responsabilidade financeira, é necessário que se tenha uma forma de recurso para que se possa manter de pé, como se dizem, essa fase é de praxe ser adquirida a partir de certa idade mínima, idade esta que nas maiorias das vezes é antecipada por questões de necessidade extrema da família, hoje esta é idade sem citar, ocorre quando principalmente os pais tem certo déficit financeiro, levando em consideração, quanto mais cedo esse individuo venha buscar um complemento ou das vezes a renda principal de um família.

Mais supondo que esse individuo não tenha que antecipar este inicio e começando como de praxe.

Ele precisa entender e conhecer em si, qual o seu potencial, seria este o meio que deveríamos seguir, porem, não é assim que acontece. Buscamos aquilo que de imediato possa vim a ajudar suprir a falta de recurso, dando assim inicio a saga busco por sobrevivência.

Mais quero lhes repassar como mudar nesta fase que você se encontra como mudar esta maneira de vida, como buscar a partir de agora a entender o motivo até aqui que você ainda não conseguiu prosperar em sua vida, por que corre tanto atrás de dinheiro, e passa a maioria do tempo pensando nele. Vamos descobrir.

.

ACREDITAR NO DOM QUE É EXISTENTE EM CADA UM

2.1 – COMO CONSEGUIR RECURSOS

Primeiramente precisa entender com o que você se identifica. Entender a sua identidade pessoal, cada um tem em si o seu potencial, tem alguma área que se identifica.

Acreditar no dom que é existente em cada um.

Eu acredito na tese de que, quando Deus pensou em nos fazer, a cada um de nós, Ele fez uma reunião com o Seu conselho. Ele e Ele Mesmo. Onde decidiu que VOCÊ esta LENDO fosse feito. Lá nesta reunião, Ele imaginou você, colocou em si o seu proposito de vida e concluiu. E a partir dai começou o seu inicio. Onde escolheu sua mãe e seu pai para que iniciasse o que Ele já concluiu lá no campo Espiritual.

Então, você senti em si certa habilidade, essa que pode ser o ponto de partida na busca da conquista do seu sucesso financeiro.
Partindo deste princípio, pense ai com você.

.

Qual o seu Dom?

--

Em que as pessoas admiram o que você faz?

--

O que você mesmo reconhece que é bom em fazer?

Aquilo que dentro de você fala mais alto todas as vezes que você faz. É como se fosse automático. Simplesmente faz acontecer.

Agora que você já consegue sentir, vamos adiante, pois neste livro não focarei em conhecimento pessoal, mais na ajuda com o seu financeiro.

Partiremos agora em que te pergunto. Como você pode através do seu proposito que você conseguiu encontrar em si.

Obter recursos? Responde-me, ou melhor, se responda?

.

Tem alguma possibilidade de você começar agora este projeto? Se existe esta possibilidade, qual a chance para iniciar agora mesmo?

Se sua resposta for sim? Passaremos a próxima fase. (Pule as três páginas seguintes)
Se sua resposta for não? Vamos falar mais. (Continue as sequencias das páginas).

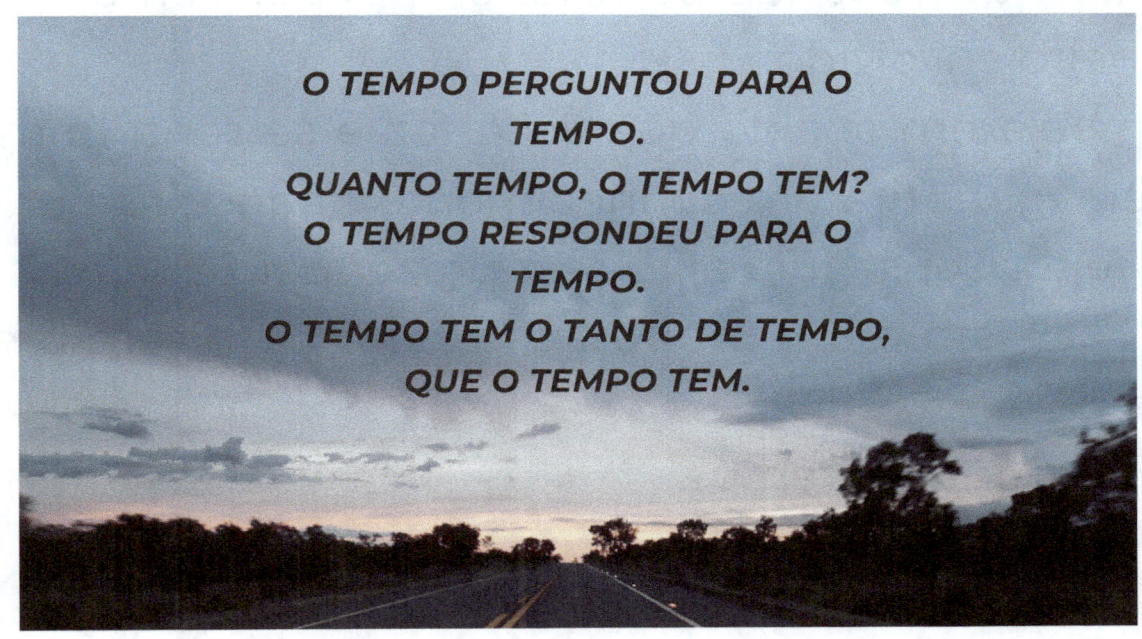

Bem. Como você continuo nesta pagina imagino que na verdade você nem encontrou o seu proposito, alias não sabe talvez o que seja proposito.

Mais deixa então eu te explicar.

Proposito é tudo aquilo que é feito pelo amor, é aquilo que você faz bem feito, independente se tem dinheiro envolvido.

Veja em si algo que você faz e se senti bem em fazer, agora tira o reconhecimento financeiro por esse ato feito. Conseguiu ainda ter prazer pelo que fez?

Isso é um proposito, fazer o bem sem olhar a quem.

Continuaremos...

Vou te apresentar 01 oportunidade de ganho que independerão de grandes recursos financeiros.

Esses recursos dependerão 100 % de sua dedicação. Pois, para que se conquiste algo, a dedicação pessoal é exclusivamente sua, não existe a possibilidade de que se conquiste algo sem um pouco ou muito de dedicação pessoal. Até para ganhar em alguma loteria, é necessário que se dirija a uma loteria e preencha ou compre preenchido um bilhete de aposta. Hoje é possível a compra pelo aplicativo, mesmo assim dependerá que você acesse o aplicativo e siga o passo a passo da aposta, dependendo que você faça. Até que outro faça por você, também terá um esforço de pensar seu. Não existe escapatória, de qualquer maneira você terá que fazer alguma coisa para que conquiste.

Ao escolher algumas das oportunidades abaixo, não perca mais o seu precioso tempo procrastinando sobre esse assunto. Pois, o tempo é o único recurso que aplicado de maneira correta ou errada, nunca mais pode ser recuperado.

Então, procura aplica-lo de maneira sabia e coerente.

T *ENHA*
E *SCOLHAS*
M *AIS*
P *ERFEITAS*
O *BJETIVAS*

OPORTUNIDADE
VENDEDOR DE ÁGUA NO SINALEIRO

O QUE VAI PRECISAR

ÁGUA DE 500 ML
ISOPOR
GELO

COMO EXECUTAR:

FAÇA UMA PESQUISA DE ONDE ESTEJA COM O MENOR VALOR A UNIDADE DA GARRAFA DE ÁGUA DE 500 ML. FEITO ISSO BUSQUE TAMBÉM PELO MENOR LOCAL ONDE O PREÇO DA BARRA DE GELO TAMBÉM ESTEJA NO MENOR VALOR, É MELHOR GELO EM BARRA.

FEITO ISSO, VOCÊ VAI PRECISAR DE 2 ISOPORES PREFERENCIALMETE. NÃO É OBRGATORIO.

UM ISOPOR PARA GELAR, OU MANTER GELADA AS SUAS GARRFAS DE ÁGUAS, E UM ISOPOR PEQUENO PARA QUE POSSA CONDUZIR ENTRE OS CARROS QUE PARAM DIANTE DO SINALEIRO.

OBS.: *não se esqueça de que você estará em um transito, onde tenha total atenção diante do fluxo dos automotores e tempo do sinaleiro.*

UMA DICA QUE SEMPRE ACHO PRIMORDIAL:
TENHA DE ALGUMA FORMA ESCRITO O QUE VOCÊ ESTA VENDENDO.
NINGUÉM TEM BOLA DE CRISTAL PARA ADIVINHAR

Boas Vendas!!!

2.2 - COMO INICIAR A ORGANIZAÇÃO DOS RECURSOS?

Esta é a parte mais importante em se tratando de recursos, quase mais importante do que adquirir o próprio recurso. É onde se encontra o principal problema das pessoas quando se tem um determinado valor em seu favor.

Quando diante de determinado valor, não percebemos das vezes que este valor seja rotativo, como gosto de chamá-lo, pois, há nele a necessidade de que tenha que sair de nossas mãos ou contas para outros, que neste caso chamamos de compra ou pagamentos, ai adentramos em um fator decisivo do nosso contexto, ou seja, é o momento de sabermos priorizarmos o que realmente é importante ou supérfluo.

Às vezes pensamos somente em como fazer para adquiri o recurso para nossa sobrevivência, esquecendo ou não sabendo de fato que, a organização deste recurso equivale de peso igual à obtenção dele.

.

Na nossa sociedade atual, de certo tempo para cá, não fomos ensinados a ter a organização de recursos, ensinaram que tínhamos que batalhar bastante para que conseguíssemos determinados valores para que fossem pagas as nossas despesas e nos dessem o sustento de nossa família através deste recurso.

Fazendo assim não aprendemos como organizar, mais aprendemos simplesmente com o tempo a deixar fluir as preocupações do que mais importante seria naquele momento, qual situação exigia maior atenção.

Então, para organizar precisaremos entender o porquê e a qual sua importância, qual o impacto diante desta organização. Parece uma situação até fácil, quando na realidade não seja simplesmente tirar daqui e colocar ali, é um impacto de 360° para muitos, é a primeira tomada de decisão, iniciando pela mental, que é o principal influenciador, e o maior bloqueio.

Após esta tomada de decisão partimos para uma próxima fase, que é também bastante complexa, onde a maioria desiste sempre quando avançam para ela. Que é ter a continuativa do que se iniciou. Muito fazem todo o planejamento tendo uma iniciativa, saindo de 0° chegando até os seus 45°, mais em um piscar de olhos retornam novamente para os seus 0°. Não tendo à continuativa.

2.3 - POR QUE ORGANIZAR

      A importância de ter uma organização financeira é à base do recurso de valores.
Seria como uma disciplina essa organização, uma tarefa. É a educação e o respeito com o dinheiro, usei o nome respeito, pois, é bem sabido que dinheiro não leva desaforo, e que, se não tiver disciplina e organização sobre valores, os seus recursos serão os seus principais rivais.
      Na vida tudo tem que haver uma organização, não seria diferente no quesito recursos financeiro. Concorda?
Acredito que sim!

Porque sempre reclamamos que não temos dinheiro suficiente para uma determinada situação, como por exemplo, para trocarmos de carro. Nunca temos esse recurso das vezes para muitos, tem em si até a vontade de trocar ou adquirir um veiculo próprio, mais! Sempre o seu financeiro não ajuda, vive sempre no limite da situação.

E sempre dizemos que planejamos mais na realidade não planejamos nem o que pensamos ou falamos.

E esse é um grande problema se você pensa assim.

O primeiro passo é aceitar mudar o que de dentro de você foi posto, que é uma grande crença do medo. Medo de mudar!

Agora para de lê. Fique em Pé e coloque as mãos na cintura, feche os olhos e aspire fundo, agora solte, repita por 3 (três) vezes. Agora que foi dado um bult no seu cérebro vamos continuar.

2.4 - QUAL A IMPORTÂNCIA?

É o Primordial!

Ter a organização recursal sobre seus recursos e sobre sua vida é a principal importante para aquisição do sucesso. Porque você pode até adquirir recursos, mais se você não tiver uma organização sobre ele dando importância a essa organização, esse recurso não se manterá com você.

É visível a quantidade de recursos que você já teve, e por mais simples que você seja de conhecimento, não deu a devida importância sobre os valores adquiridos em sua vida até a data de hoje, em que você esta lendo essas paginas, mas, é chegado a partir de agora despertou em você a ira de se livrar dessa antiga pessoa que existia em você, que não te deixava prosperar.

.

REPITA AGORA:

EU SOU LIVRE!
EU SOU A PROSPERIDADE!
AGORA DAR UM GRITO!

Se você não GRITOU repita novamente até você dar um GRITO DE LIBERDADE!

Não se preocupe com o que outros irão pensar sobre você no momento em que GRITAR, simplesmente GRITE, e libere essa vitória que já existe dentro de você.

Não seja o fracasso da sua vida, o insucesso da sua família.

Então GRITEEEEE!
O seu problema é o medo!
Agora sinto que você vai GRITAR.
Então GRITE!

AGORA SIM, VOCÊ ESTA PRONTO! VAMOS CONTINUAR.

3º - INICIO DA DISTRIBUIÇÃO DE RECURSOS

Hora da aceitação.

Momento chave em que você tem que ser honesto com o processo que você adquiriu e conheceu.
Até agora o que você entendeu?

O que você sentiu sobre você?

--.

Qual grau de honestidade em uma escala de

Onde você se encontra com o seu processo?

-- 0 1 2 3 4 5 6 7 8 9 10

Parecem bobas essas perguntas, mais, são nas bobagens que mais erramos, são pelo simples fato de fingimos de inteligentes que erramos como bobos. Achamos sempre sabemos mais que do que somos. Mais isso é simplesmente o EGO, que estava à frente de você, fazendo que você sempre errasse. Como o seu EGO foi embora e sei que agora tu és uma nova pessoa. Continuamos.

EXISTE UMA GRANDE DIFERENÇA EM INVESTIR EM ALGO QUE TE TRAGA UM RETORNO VANTAJOSO, E OUTRO QUE NÃO TE TRAGA NENHUM RETORNO,

A NÃO SER A ELEVAÇÃO DO SEU EGO.

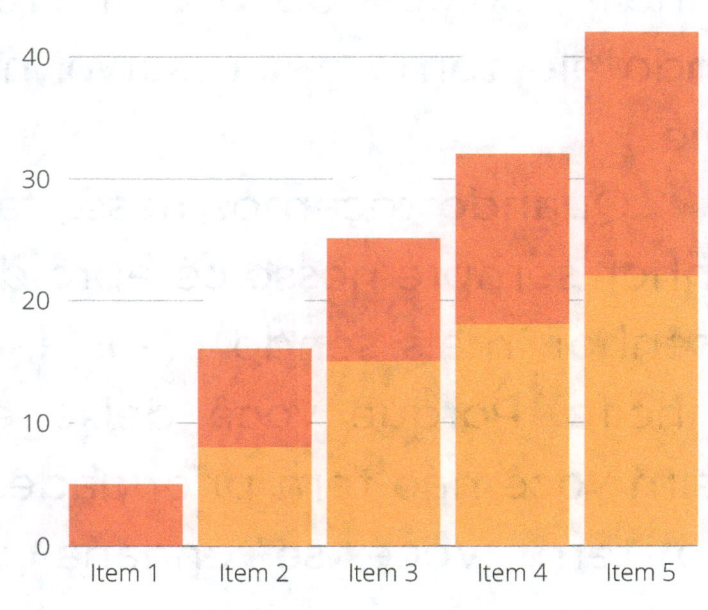

3.1 - PRIORIDADES

No inicio da distribuição de recursos, é essencial lembra que, existe uma grande diferença em investir em algo que te traga um retorno vantajoso, e outro que não te traga nenhum retorno, a não ser a elevação do seu EGO, e isso é ruim para quem esta em processo de mudança de vida, aprendendo a lidar com o dinheiro, colocando o dinheiro no seu devido lugar, tendo ele como o seu servo, não sendo você o servo dele.

Quando tocamos nesse fator de ser servo ou ser senhor, sempre nosso cérebro de imediato já fala, você é senhor, mais sendo realista, você é um escravo do dinheiro. Porque você deixa ele te dominar, sendo assim você não tem prioridades, pensa que tem, mais não tem. Você se engana quando imagina que, quando você põe alimento dentro da sua casa, você esta sendo o senhor do dinheiro, mais no fundo você sabe que a escassez te faz tomar essa decisão de suprir com as obrigações, para que não demostre a você o quanto você é dominado pelo dinheiro.

.

Se colocar em sua conta bancaria agora R$ 10.000,00, tenho a plena certeza que, primeiro, você irá pagar a suas contas; segundo, vai trocar algum móvel da sua casa; terceiro, vai junta o que sobrou com mais o valor do seu carro vai dar entrada em um novo.

Pensar em investir esse valor em algo que possa gerir recursos e assim dar um UP em sua vida e da sua família, ficará para um próximo R$ 10.000,00 que possa vim a entrar em sua conta.

Então, não priorizar recursos com excelência, não dar prioridade ao que de fato vai te fazer mudar de vida, não vai te tirar do lugar em que você esta. Com certeza neste momento você está sentado ou deitado lendo esse trecho.

.

E assim como você está não irá te fazer mudar de vida.

Agora levanta e vai gerir algo com prioridade para que essa sua situação mude, sua e de sua família que depende de você.

Recapitulando:

Prioridade é tudo aquilo que possa agora no momento presente, fazer com que você comece a mudar com responsabilidade e sem procrastinar, investir nessa ideia que você sabe que, se fizer vai dar certo.

Então PRIORIZE.

3.1.1 - IMPORTANTES

Como dito anteriormente, o que seria importante para você?

Sendo que importante é o fato de priorizar tudo aquilo que possa te fazer uma pessoa prospera com o que vá a fazer.

Um exemplo clássico que todo mundo usa, é a comparação do celular IPHONE, qual seria a tua necessidade hoje em ter que comprar um celular, nesse momento você compraria um IPHONE, outra marca como a SAMSUNG? E por quê?

Se você disser que precisa comprar um IPHONE, pelo fato de que a câmera deste aparelho será um grande instrumento de trabalho, de desenvolvimento para a aquisição de recursos vantajosos. Parabéns! Invista se possível. Agora se for pelo simples fato de alimentar o seu EGO, cai fora dessa jogada, dessa armadilha existente em seu cérebro.

Investir recursos em que possa te fazer alavancar o que você almeja nada mais justo. O que não pode é você se descapitalizar para um capricho besta, que não te levar a lugar nenhum, fazendo ainda mais você que já não tem nada, se tornar ainda mais um nada a esquerda. Ai não é importante.

E o que mais acontece é não sabermos ao certo o que é importante, como desvencilhar isso de um mar de opções. É simples, liste quais suas prioridades?

Destas quais as 2(duas) mais importantes?

E destas qual a importante?

Pronto.

Sabendo de fato qual a importante é dado mais passo rumo ao seu sucesso com o dinheiro que ainda não esta totalmente em seu controle.

Repita:

DINHEIRO, NÃO É MEU *sENHOR!*
DINHEIRO, VOCÊ NÃO É *mEU dONO!*
EU SOU O *SEU SENHOR!*
EU SOU *O DONO DA MINHA VIDA!*

Essa repetição serve para que você possa dar informações ao seu cérebro, de quem esta no comando da sua vida. Porque o nosso cérebro tem a mania de querer e às vezes comandar a nossa vida, tomando, usurpando o que é por direito de nosso Espirito.

Quem você acha que é a pessoa mais importante em sua vida?

Espero que você tenha respondido certo, sendo essa uma das perguntas mais difíceis da vida, quando não priorizamos quem é mais importante em nossa vida.

Sendo uma das perguntas mais fácies quando sabemos quem é importante em nossa vida.

Se sua resposta foi EU! Parabéns! Você sabe o valor da importância que você é para sua vida.

3.1.2 - MENOS IMPOTANTE

Como o subtítulo já diz menos importante. Se menos é, porque não é mais. E se não é mais, porque menos é.

Esse trocadilho de palavras, te leva a mentalizar o quão importante é o computador que você tem acima do pescoço. Lembrando-te que é um dos maiores software que existe no planeta terra. Só faltava você aprender como utilizar toda essa maquina criada e desenvolvida pelo o mais e Único ONICIENTE. Independente de sua crença, Ele é o criador de tudo.

Você tem que aprender a desenvolver cada função dessas nano micros partículas de funções do seu cérebro, entendendo onde usa-las, sugar elas do seu subconsciente, trazendo para a realidade a importância que cada uma tem em sua vida.

O menos só é bem vindo à vida, quando se bem utilizado venha a se tornar o mais.

Um exemplo clássico, quando você vai abrir uma empresa não é o mais que fará ter sucesso, nesse caso o menos fará você iniciar e automaticamente o mais virá pela sabedoria aplicada. Saber usar o menos com a sabedoria fará que todas as funções que necessitam para que sua ideia, seu projeto seja magnificamente bem sucedido.

Quando não utilizamos a sabedoria nas aplicações de nossa vida, já de imediato erramos no começo. Saímos de uma inercia mais não progredimos na caminhada. É como em uma estrada onde temos 3 (três) saídas, mais quais das saídas irei utilizar, sendo que eu no inicio não tracei qual seria o melhor trajeto. Isso ocorre quando sempre pensamos em começarmos e não nos estruirmos ao menos de uma base para o caminho a percorrer.

Quando se é um autodidata, show. Mais mesmo assim esse autodidata se baseia em uma determinada fonte de seu conhecimento, não digo que não deva começar mais se começar termine, pois, o que acontece é você começar e não percorrer, pelo simples fato de que você não tem uma estratégia do que você de fato deseja.
Então diga o que você deseja fazer?

Quão determinado você está em fazer? Por quê?

Nesta determinação, o que te motiva ou te motivou?

Se eu dissesse ou se alguém próximo de você dissesse para você não prosseguir, você pararia agora?

Se sim! Por quê?

Se não! Por quê?

Quando deixamos de sermos o mais importante em nossa vida, automaticamente passamos a sermos o menos importante e isso é o fato da não produtividade e a grande falta de sucesso na maioria das pessoas. Não deixe que ninguém te diminua, você é a imagem e semelhança do Senhor. Nada e nem ninguém é maior que você.

3.1.3 - SUPERFLUOS

Como o subtítulo já diz menos importante. Se menos é, porque não é mais. E se não é mais, porque menos é.

Esse trocadilho de palavras, te leva a mentalizar o quão importante é o computador que você tem acima do pescoço. Lembrando-te que é um dos maiores software que existe no planeta terra. Só faltava você aprender como utilizar toda essa maquina criada e desenvolvida pelo o mais e Único ONICIENTE. Independente de sua crença, Ele é o criador de tudo.

Você tem que aprender a desenvolver cada função dessas nano micros partículas de funções do seu cérebro, entendendo onde usa-las, sugar elas do seu subconsciente, trazendo para a realidade a importância que cada uma tem em sua vida.

O nome supérfluo parece grande se levarmos em conta à escrita, é como se fosse um Super-herói que veio a nos salva. Mais não se deixe a enganar com ele. Não passa de um sabotador esse nome que arrasa e arrebenta das vezes com famílias inteiras, um verdadeiro destruidor.

Ele usa seus atributos quando em conciliação conjunta com o seu cérebro que é dominado pelo dinheiro, os dois juntos te levam a sabotar a sua inteligência e discernimento fazendo a cometerem erros grotescos com os poucos recursos que ainda te restam até o inicio do novo recebimento. Ele costuma agir na parte do seu cérebro chamado lado das emcções. Nessa parte como um passo de magica eles agem e quando você se der conta já foi. Fez o que não deviria ter feito, gastou o que não deviria ter gastado. E tudo isso por culpa desse Super-herói do mal chamado supérfluo.

Parece comedia, mais esse é um dos principais fatores negativos que geralmente influenciam na distribuição de recursos. Por isso no quesito prioridade, os itens importantes, é a peça chave para o sucesso da distribuição dos seus recursos. Quando feita à lista e distribuída de maneira sabia não e possível que o supérfluo invada os seus recursos.

Um exemplo clássico de invasão de recursos que acontece, é quando vai ser montado um escritório para que sejam recebidos os clientes, é muito importante se você tem a necessidade de tanto. Porem, os recursos sempre na ponta da caneta, mais no momento chave para a inauguração você resolve esquecer a lista e adicionar um quadro na parede, que te toma a metade do aluguel do mês subsequente. Deixando se levar pela emoção de que é essencial um quadro. Sendo que o quadro não vai remeter a nada do que você venda o faz das vezes, deixando o EGO se superar sobre você.

Então de uma vez por toda, exclua esse SUPER-HÉRIO.

Chamado SUPERFLUO, da sua vida.

%

DO DINHEIRO DELES VAI
PARA A COMPRA DE COISAS

%

DE SEU DINHEIRO VAI PARA
O SEGURO DE SEU FUTURO

4º PASSO

A CRUZ DA DIVISÃO

Aqui com certeza também é um dos principais pontos chaves do sucesso. A divisão, essa cruz que muitos carregam e na metade do percurso o peso se torna insuportável fazendo com que você não consiga mais carregar e nem arcar com compromissos adquiridos no inicio da jornada. A mistura de locais para aplicação de valores que não sejam parte dessa cruz leva a destruição.

Uma das perguntas mais frequentes, é como devo investir? E a mais fabulosa é quanto deve ser para mim de retorno? Quanto devo tirar de lucro? Qual a porcentagem terá que tirar para mim?

Sempre o "mim" prevalece. É quando mais um que deseja a empreender mais, já no inicia da viagem, visa o naufrago da embarcação.

Isso tudo são desculpas de procrastinação para não acreditar em você mesmo.

É importante sim, você ter noção do que possa ganhar com o investimento, se organizar, mais sabendo que, quando você se tornar um empresário, quando você resolve investir, existi um tempo para que você comesse a ver resultados financeiros de sobra para que se possa pensar em retorno.

Por isso é de suma importância conhecer quais são os principais fatores de prioridade.

O que é importante no primeiro momento, para que não venha a ter mais um fracasso na carteira dos fracassos.

Uma das dicas que te dou é, quando iniciar um projeto e logico que você tem que ganhar um valor pelo seu trabalho sobre esse projeto. Uma das formas é você tirar um salario para você de acordo com a sua função, sendo justo com a empresa que você esta montando e você como administrador. Por mais que você seja o fundador da ideia, o fundador da empresa, você terá grandes obrigações e responsabilidades a serem concretizadas com os valores obtidos. Funcionários, fornecedores, credores, etc. A partir do momento que começa a funcionar o projeto, você se tornar o administrador de maior responsabilidade para não deixar esse projeto acabar.

4.1 - PORCENTAGENS

Como dito anteriormente, você merece receber pelo seu trabalho prestado a empresa, você fará jus a seu trabalho.

Na parte de porcentagem é essencial o auxilio de um profissional da área, que possa junto com você montarem as porcentagens a serem distribuídas em vários fatores e segmentos do seu projeto.

A responsabilidade, honestidade e o compromisso em arcar com as distribuições acertadas e corretas dos produtos, farão a total diferença no caminhar da sua empresa.

A porcentagem sobre as distribuições entre:

·Despesas;

·Fundo de caixa;
·Fundo de reserva;
·Fundo de investimento;
·Dividendos;
·Lucro;

Todo esse cronograma levado a ponta da caneta, será o sucesso do seu negocio.

Você deva esta se pergunto o que você vai ganhar e porcentagem. Lembro que você é um colaborador da empresa, lembrando que seus ganhos estão na parte de despesa.

Onde as sua empresa sairá o pagamento de diversos segmentos, e mais uma vez o seu estará na parte de colaborador.

Nunca misture o seu CPF com o seu CNPJ.

4.2 - NIVEIS DE PORCENTAGENS

CUIDADO

Nunca utilize essa parte sem a devida ajuda de um expert do segmento.

Pois, poderá correr o risco de não ser possível chegar ao outro nível.

Isso acontece sempre quando acreditamos que sozinhos poderemos desenvolver, administrar e executar tudo. É tido e conhecido como essa atitude como EGOISMO. Para não ter que falar outro nome.

Então já busque um profissional capacitado agora mesmo para te ajudar com esse projeto.

Não tenha medo de contratar alguém com mais conhecimento que você, alguém que melhor que você fará sua empresa, o seu projeto ser um sucesso.

Mais lembre, não precisa ganhar tudo sozinho.

5º PASSO
CUIDADO COM O MAR DE POSSIBILADES

Existe um mar de oportunidades e possibilidades a cada momento em nossa vida.

A cada instante essa possibilidade surge com propostas, com projetos, com ideias que, podem ser boas e ruins. Todas podem te levar a algum lugar na sua vida, isso vai depender aonde você quer chegar ou está.

Saber se conhecer, e tiver em si a certeza de onde você quer chegar?

Qual legado você quer deixar nessa terra?

Tudo isso são perguntas que você sabendo em si, te farão ser uma pessoa prospera nessa terra. Com a plena certeza te ajudarão a mudar a sua vida, a vida da sua família e a vida de milhares de pessoas.

Porque o único motivo de você está nesse planeta, nessa terra. É para fazer mudanças na vida dos seus irmãos como proposito que Deus te deu. Projetou em você.

Então não atrapalhe os planos e projetos que Deus através de você, irá fazer na terra.

5.1 - ONDE VOCÊ SE ENCONTRA?

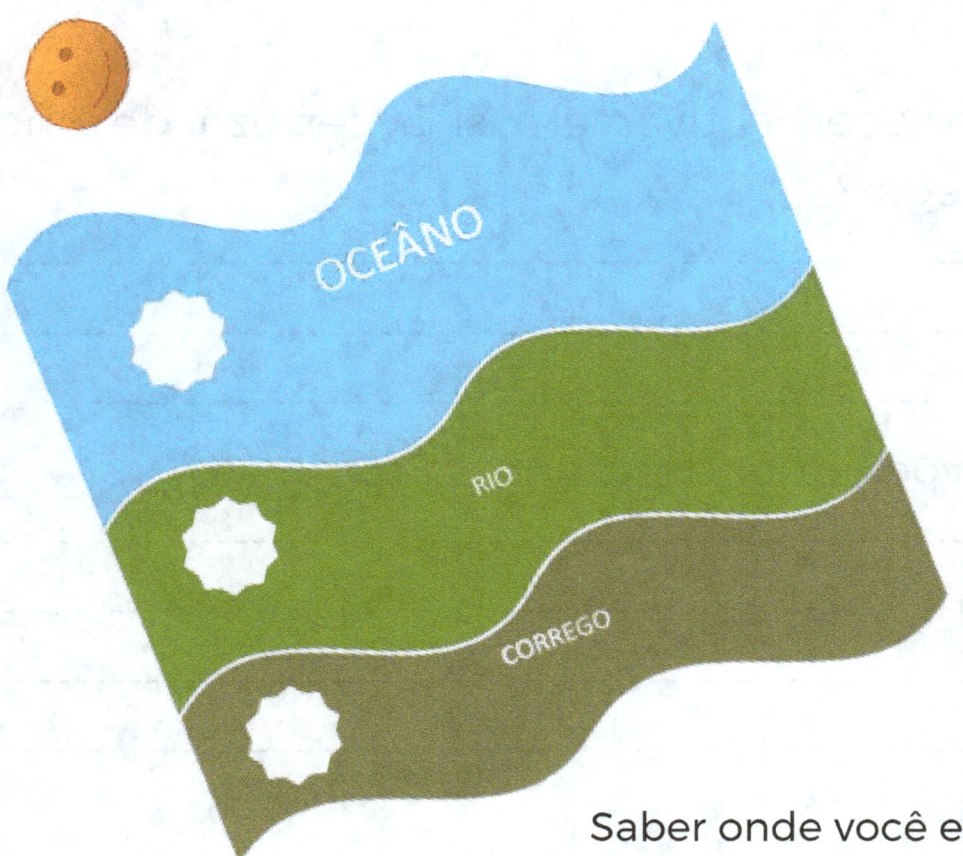

Saber onde você está nas águas? Como uma metáfora, te mostrará em que nível de sabedoria, capacidade para lidar com situações, discernimento em como conduzir situações na vida.

5.2 - SE NO OCEANO?

Por que você acredita está aqui?

Você se acha merecedor de está aqui, e por quê?

E se eu te disser que você este errado e que aqui no oceano não é o seu lugar?

5.2 - SE NO RIO?

Por que você acredita está aqui?

Você se acha merecedor de está aqui, e por quê?

E se eu te disser que você este errado e que aqui no oceano não é o seu lugar?

5.2 - SE NO CORREGO?

Por que você acredita está aqui?

Você se acha merecedor de está aqui, e por quê?

E se eu te disser que você este errado e que aqui no oceano não é o seu lugar?

AGORA QUE TE CONHECE, FAÇA UMA CARTA PARA VOCÊ?

6.1 - PORQUE PENSO EM DINHEIRO?

A CONQUISTA DOS 7 SELOS

BIBLIOGRAFIA

A ORIGEM DO DINHEIRO - *https://pt.wikipedia.org/wiki/Banco*
JOHN LAW - *https://pt.wikipedia.org/wiki/John_Law*
ZIMBABWE -
https://pt.wikipedia.org/wiki/Economia_do_Zimbabwe

Corretor de Imóveis, atuando no Mercado Imobiliário de Luxo

Com vasta experiência no Alto Padrão

Perito Judicial Avaliador

Experiência em consultoria de Mercado

Aprovação de áreas para Loteamento

Despachante Imobiliário

Montagem de Documentação para Aprovação de Financiamento

Autor e Escritor

Treinador de Equipe

Palestrante

Consórcio de Imóveis

Consultor de Negócios

CRECI GO 27.865 CNAI 26.717

MARCOS ANDRÉ DOS SANTOS GALVÃO
@corretormarcao